ÉTUDE SOCIALE

SUR LES

CORPORATIONS COMPAGNONNIQUES

PAR

Auguste BONVOUS Jeune

Ancien élève de l'Ecole régionale des Beaux-Arts d'Angers
Compagnon Passant Couvreur

ANGOULÊME
Imprimerie L. COQUEMARD & Cie
42, Rue Fontaine du Lizier

AVANT-PROPOS

LE PASSÉ A VOL D'OISEAU

Ce ne sont point les progrès du xxe siècle qui atténueront la gloire des ouvriers illustres dans l'art antique. Nos aspirants et nos jeunes Compagnons du Devoir n'ont qu'à ouvrir leur histoire de France ; nos gloires nationales y sont inscrites en lettres d'or.

L'antiquité est souvent ramenée à nos yeux par les fouilles modernes en Égypte et en Grèce. L'histoire des géants revient à la vie ; les traces des législateurs, des Moïse, etc., sont retrouvées par les savants des deux mondes qui emportent dans leurs musées nationaux une pierre des ruines qui rappellera l'histoire des peuples.

Rome et Athènes, deux villes où la Gloire se disputait le Triomphe, où l'Art contre l'Art se jetait dans l'arène, partout la science brillait comme un arc-en-ciel s'élevant au-dessus des mers, dont les points opposés sont Rome et la capitale des Grecs.

Sous les Romains, les collèges d'artisans, —dont l'origine est perdue, confondue parmi ces ouvriers, prisonniers de guerre, qui furent ramenés à Rome pour élever aux vainqueurs, des Temples à leurs divinités — sous la pression du Travail qui les unit, veulent secouer le joug barbare des empereurs ou le joug démocratique des gouverneurs de la République ; on adoucit leur amour de liberté ; on adoucit leur esclavage en leur accordant des priviléges.

La Gaule, sous les légions romaines, voit s'élever sur ses fleuves des ponts qui subsistent encore, des temples, des arènes, des théâtres. Les Gaulois veulent chasser ceux qui leur apportent la civilisation, l'industrie, le commerce.

Les druides et les Velléda prêchent aux chefs gaulois la guerre sainte ; ceux-ci entraînent leurs soldats, et le peuple court au Capitole. Le Temps marche et la loi fatale : *Væ victis !* poursuivra les Gaulois ; Vercingétorix luttera contre César ; Dumnacus et ses Ghildes descendront du Liger, ils rencontreront un César. Trop de pouvoir divise cependant la République romaine qui voit finalement restreindre son empire ; mais les travaux des Romains resteront : les divinités des Druides s'adoucissent aux divinités païennes.

Le Christianisme franchit les Alpes, brûle sur son passage les dieux et substitue aux dieux des saints ; Clovis et ses Francs continueront la lutte ; les Vandales, les Huns et les peuples de la Germanie reculeront devant Charlemagne. Celui-ci organise la France, crée des écoles.

Les ouvriers, à travers de telles luttes, pendant ces quelques siècles, que sont-ils devenus ?

Les Ghildes étendent leurs associations dans le monde, partout où l'Art les appelle ; ils arrivent à former jusque dans les Etats scandinaves des sectes ; partout ils auront des frères ; ce sont les *Pères du Compagnonnage.*

Charlemagne poursuit les associations ouvrières secrètes qui se dérobent à son despotisme ; les Ghildes sont persécutés ; Charlemagne interdit le serment de la Ghilde, sous peine d'avoir la langue coupée.

La France sous Charlemagne voit naître deux féodalités : celle des barons et celle des moines.

Sous l'influence des monastères, les Ghildes disparaissent, forment des corporations séculières ; la lutte sur la pierre se fait sans relâche ; nos vieilles cathédrales nous les montrent avec toutes ses formes et avec ses mœurs.

Les Croisades entraînent les ouvriers vers cette Judée qui attire les peuples ; la Palestine leur montera les beautés antiques de la Foi religieuse, le roman s'épure ; le gréco-roman s'agrémente au roman-bizantin. Philippe-Auguste encourage la grande école architecturale ; l'ogive, le gothique, prépareront les voies au style flamboyant du xve siècle.

Michaud, dans son *Histoire des Croisades,* nous rapporte des faits curieux.

Que sont-elles devenues, ces sociétés anciennes de Rome, d'Athènes, de Carthage, ces collèges d'artisans, les Ghildes ? Le Compagnonnage prend sa lignée sous le berceau des Ordres de Malte, des Templiers, des ordres Teutoniques.

Les moines noirs des Ordres d'Orient, autour du Temple de Salomon, donneront à leurs compagnons la *légende mystique* pour se connaître et s'aimer, et la maxime de Soubise traversa les siècles, car elle vient du Mont Moria : « Aimez-vous les uns les autres ». Les ouvriers du Moyen-âge se reconnaîtront, s'appelant et se demandant : — D'où sors-tu ? — Du temple de Salomon. . . .

. . . .

Après les Croisades, les Compagnonnages restent sédentaires dans chaque langue : les Templiers ramènent leurs compagnons dans la France ; les moines noirs d'Angleterre fondent, sur la Tamise, un temple de leur Ordre ; les ouvriers des Ordres Teutoniques forment des associations ouvrières puissantes, dont l'Allemagne, en ce moment, est remplie.

Les mœurs rudes des ouvriers ne s'apperçoivent même pas de la main de fer qui les guide, tant que le devoir les unit et resserre leur chaîne de la fraternité.

La guerre de Cent ans agite le monde ; les frontières se tracent ; les associations en France subissent le coup fatal de la Patrie en péril. Les seigneurs voient leurs duchés disparaître, et n'ont près d'eux qu'un roi indolent, qu'on cherche à distraire, en attendant la perte complète de son royaume.

Mais le cœur de la France se réveille ; la France, près de la mort, revient à ses destinées glorieuses. Jeanne d'Arc apparaît ; le peuple salue la fille du peuple qui rend la patrie à son roi, mais — ironie du sort, — ce roi abandonne cette vierge de vingt ans à l'anglais, qui la brûle comme sorcière et relaps.

Jacques Cœur, digne parallèle de la Pucelle d'Orléans en dévouement à sa patrie, se voit chassé de France; il se sauve de sa prison et va mourir sur un navire, à la défense des Lieux-Saints.

Le xve siècle est le départ du Compagnonnage. Il y a près d'un siècle que Jacques et Soubise ne sont plus; mais, à leur suite, Pierre de Montreuil bâtit, dans le style flamboyant, la Sainte Chapelle (1425-1428). C'était un maître carrier (tailleur de pierres) de grande renommée. Le grand mouvement populaire fut bien à cette époque dans les diverses corporations; c'est seulement vers 1470 que les archives municipales font mention des Compagnons du devoir. Les garçons du Devoir, serruriers, en Poitou, fondent les Compagnons serruriers du Devoir, en se rangeant sous l'égide de Maître Jacques. A Orléans, les forgerons luttent contre les vanniers (1); le guet s'empare du logis des Compagnons forgerons D.·. D.·. et prennent un coffret de fer, dans lequel il y avait un lopin et une chanson contre les vanniers (septembre 1451).

Le roi René, roi de Jérusalem et de Sicile, avait dans ses châteaux de Provence beaucoup de Compagnons D.·. D.·.. Son frère, Charles d'Anjou, comte

(1) Archives historiques municipales d'Orléans (1471).

de Provence, fit construire le couvent à Sainte-Beaume (1), et dans les galeries et sculptures du chœur Jacques et Soubise sont représentés.

La Sainte-Beaume devint pour l'artisan un lieu de pélérinage (2), auquel particulièrement les CC.·. tailleurs de pierre y attachèrent un degré d'initiation.

La Renaissance fut bien l'époque la plus heureuse pour nos corporations ; nos charpentiers s'illustrent par leurs travaux d'arts ; les CC.·. couvreurs seconde branche de cette corporation les imitèrent. Nos CC.·. Menuisiers D.·. D.·., sculpteurs sur bois firent des travaux artistiques, qui nous laissent dans la plus grande admiration.

Aux xviie et xviie siècles, les Compagnons se distinguent par les chefs-d'œuvre ; le Tour-de-France est conquis par les Compagnons du Devoir ; dans le moindre hameau on rencontrera un pays ou une coterie. Patrons et ouvriers CC.·. du devoir seront solidaires.

La Révolution française n'a point porté atteinte aux CC.·. du Devoir ; le travail libre existait dans le Compagnonnage. En supprimant les jurandes et maîtrises, Turgot supprima les corporations qui entre elles constituaient un Etat dans l'Etat.

D'ailleurs, notre Histoire de France cite des faits

(1) Couvent de Dominicains, fondé par Charles II, comte de Provence. Sainte-Beaume à 1728 d'altitude, à 28 kilomètres de Brignoles.

(2) Lacordaire, Dominicain, membre de l'Académie française. (Ouvrages sur la Sainte-Beaume).

qui prouvent que les corporations [des communes étaient encouragées ou combattues, tantôt par les évêques et tantôt par les rois, suivant que ceux-ci y trouvaient leur avantage ou leur perte.

Nous termineront en disant aux aspirants et aux jeunes Compagnons du Devoir : De tout temps il y a eu à la tête des sociétés des hommes qui dirigeaient, et des hommes qui soutenaient la direction; il a fallu des hommes pour amener à l'état actuel l'indépendance des peuples. Autour de nous, autour du drapeau du Devoir, ce ne sont pas des Compagnons du Devoir qui manquent, mais des hommes.

Soyons-en ; il faut même en faire ; le Compagnonnage ne sera progressif qu'à ce prix.

La tradition est glorieuse ; le Compagnonnage du Devoir est œuvre française, et nous devons continuer par nos chefs-d'œuvre ce que firent les vieux CC∴ du D∴ pour la gloire de la Patrie.

Jacques et Soubise ont été des maîtres de l'art et ont aimé les ouvriers, au point de vouloir les diriger ; ils ont été les hommes de leur temps.

Aspirants et jeunes CC∴ du Devoir, soyez ceux de maintenant. LE PASSÉ DOIT VOUS TRACER DANS LE PRÉSENT LA MARCHE DE L'AVENIR.

Auguste BONVOUS,
Compagnon Passant Couvreur.

LA LUTTE POUR LA VIE !

Dès son berceau, le Compagnonnage du Devoir, en donnant aux ouvriers la voie de la philanthropie et de la charité, a vu s'élever, à l'aurore de son but, le vaste horizon de sa destinée, qui lui inspira la responsabilité morale et matérielle de son existence et en accepta : La lutte pour la vie.

Qui que vous soyez, aspirants, dans votre foi honnête, apportez au Devoir, encore pour vous inconnu, les grandes aspirations de votre jeunesse, avec ses illusions, ses promesses, ses défaillances et sa générosité.

« La lutte pour la vie » est le cri poussé par les Corporations du Devoir qui possèdent le degré d'énergie capable d'agir et de donner par la Corporation une véritable valeur au Compagnonnage.

Dans la situation actuelle, admirons le bon accord des Corporations restées fidèles au Devoir dans leur mutuel estime ; elles font un Compagnonnage grand, estimé de tous : la Gloire du passé et le Progrès dans le présent.

Les idées modernes seront pour la future jeunesse compagnonnique la porte grande ouverte aux initiatives philosophiques et sociales ; dans les Corporations, le seul but à cette jeunesse féconde sera d'imiter dans ses ennemis même les bons exemples en laissant de côté le sot orgueil de ceux qui, ne pouvant rien faire, ne veulent même pa   imiter dans les œuvres utiles ceux qu'ils appellent leur ennemi.

Le Devoir, en prenant ce vieil adage : « Mieux vaut avoir un sage ennemi qu'un sot ami », parviendra au suprême degré de bon accord et d'actualité. Prenons modèle sur tout ce qui entoure les questions compagnonniques. Le Compagnonnage D.·. D.·. a sa *Nationalité*, son *Drapeau*, ses *frontières* ; rien ne doit lui échapper : la science de ses ennemis lui donnera la prudence ; les progrès de ses ennemis, une leçon. Servons-nous des progrès et de la prudence ; laissons de côté les préjugés de ceux qui traitent d'innovateurs ou d'imitateurs les CC.·. dévoués qui travaillent à l'extension pratique du Compagnonnage. La jeunesse compagnonnique ne les aura pas toujours pour la neutraliser dans l'inertie et dans l'indécision pour appliquer ses connaissances.

On ne peut dire et encore moins croire que le Compagnonnage n'était fort que lorsque aucune concurrence ne luttait contre lui ; que le nombre seul faisait sa valeur. Non ! — Ce qui faisait la force du Compagnonnage du Devoir, c'est que jadis on disait : Place aux plus braves ! Maintenant la jeunesse compagnonnique, restée fidèle au Devoir, qui veut donner aux Corporations une plus grande activité et même unir au Devoir des Corporations nouvelles pour lui donner plus de force, ajoute aujourd'hui : Honneur aux plus intelligents !

L'homme persévérant, accepte sans murmurer, d'une façon inutile, les nouveaux changements sociaux, étudiant tout d'abord comment et en quoi ces nouvelles réformes sociales pourront être utiles et progressives aux Compagnons du Devoir.

La lutte pour la vie n'a point dit son dernier mot. L'Activité des corporations doit en apprécier le but et en comprendre l'intérêt.

Sans la fortune, l'*Indifférence* cache plus souvent un manque d'esprit qu'un simple abandon de savoir. — Avec la fortune, l'indifférence, c'est l'égoïsme personnifié.

Quelques Corporations du Devoir semblent être tout à fait étranges à leur époque ; les Sociétés qu'elles appellent les ennemies du Compagnonnage du Devoir, travaillent plus à leur extension que celles-ci ne luttent à se conserver.

On ne veut pas imiter. Eh bien ! alors, faites mieux, ou, autrement, mieux vaut imiter ceux qui font bien et laisser dans ceux que vous n'aimez pas le mal qu'ils font, en mettant en pratique les progrès sociaux qu'ils peuvent montrer.

Les corporations du Devoir, en restant neutres ou à l'état stagnant, sont un peu comme l'enfant docile et bon, mais incapable de faire un homme, faute de caractère.

Or l'*utilité* est le vrai penchant d'un homme et d'une Société intelligente et on le voit par des actes qui ne peuvent être accomplis par des hommes de caractère, qui font dans leur ensemble des Sociétés bonnes, en suivant les idées pratiques de leur temps.

Pour le Compagnonnage du Devoir, la lutte pour la vie doit être dans notre vie sociale, le trait d'union de notre vie privée, et l'amour de soi-même doit être partagé avec tout ce qui est bon et généreux.

Le Compagnonnage D∴ D∴ doit avoir, dans notre estime, la part qu'un honnête homme, disons plus, un honnête compagnon, est capable de lui donner

La plus grande force du Devoir, sera celle où tous les cœurs voudront des actes et donneront à tous ceux qui ne le connaissent pas, la démonstration palpable de vigueur fraternelle, et pour nous, Compagnons, une légitime fierté de notre valeur, qui est pour l'Avenir notre espérance et notre but : le principe de notre confiance corporative sera l'intérêt du Devoir tout entier, et, d'un commun accord, nous soutiendrons : *La Lutte pour la vie.*

DE LA NÉCESSITÉ D'UN PROGRAMME

Le Compagnonnage du Devoir doit être conforme au mouvement industriel et économique pour sa vitalité et son utilité publique.

De tout temps, les sociétés comme les peuples ont dû leur prestige, leur gloire, à la valeur des chefs à qui ils savaient obéir et accordaient leur confiance. Si des humbles, mais ouvriers habiles, n'ont point signé leurs chefs-d'œuvre, ils n'en sont pas pour cela oubliés de ceux qui aiment l'art. Chefs-d'œuvre artistiques, manuels et chefs-d'œuvre intellectuels, la main suivant le génie, l'étude à la recherche de la science, la réflexion est nécessaire à tous ceux qui se dévouent, la *Connaissance* est indispensable pour ceux qui doivent en profiter.

Mille choses nous frappent. — N'a-t-on pas trouvé étrange, parfois, de voir le projet d'une œuvre, utile à une société, soit dans ses statuts, ses règlements ou dans ses usages, tomber d'elle-même ? chose peut-être qui ne demandait qu'une solidarité collective et qui tombe sous je ne sais quelle influence : dans l'indifférence générale.

Au milieu de tant de volontés, les Compagnons du Devoir, qui cherchent à donner leur dévouement, ne rencontrent-ils pas je ne sais quoi dans l'air qui absorbe leurs idées pratiques avant qu'elles arrivent à leur but ?

Il a été dit, sous mille formes différentes, des choses utiles, par les uns au moyen des fêtes, chez les autres par des Congrès, par la Reconnaissance générale, par un pavillon Compagnonnique des Corporations restées fidèles au « Devoir ».

On voudrait encore un Congrès, un grand Congrès, sans l'avoir mis à l'étude et s'exposer à dire tout à la fois.... On gaspille le temps ; on rend les dévouements inutiles ; les projets s'entrecroisent et n'atteignent pas le but à atteindre d'une façon directe et sans ricochets.

L'utilité d'un programme s'impose ; une ville du Tour-de-France en a donné le premier exemple. Nous voulons parler de la ville de Lyon, qui a su organiser avec intelligence un comité d'études sociales pour étudier et apprécier les idées de chacun, au point de vue du principe général.

Un programme s'impose pour tous, qui avons tous les mêmes Droits et le même Devoir. On a dit, on dit encore que les Compagnons ne sont plus comme dans le temps... Le temps ne passe pas, c'est nous qui passons ; les idées généreuses que possèdent nos Compagnons dévoués, de cinquante ans, plus ou moins, jeunes ou vieux, croyez-vous qu'ils ont acquis ce dévouement avec peine ? Non. Le sentiment du cœur est un acte naturel de l'individu, il voit en lui, il s'agrandit dans l'étude, il se perfectionne par la continuité, il prend de l'expérience avec l'âge.

L'utilité d'un programme s'impose et a sa raison d'être.

Les Corporations du « Devoir » ne peuvent continuer ainsi a vivre isolées l'une de l'autre ; cela est contraire à leurs mœurs, et quoi qu'on en dise ou qu'on en pense, nous sommes peut-être moins sincères, mais aujourd'hui, on aime à se rencontrer, lorsque autrefois on était indifférent. Un Compagnon, aujourd'hui, qui ferait fi d'un Compagnon boulanger ou cordonnier, aurait grand tort. Si ce cordonnier ou ce boulanger fait honneur à ses affaires, élève ses enfants dans une bonne éducation, cet homme est intelligent, il gagne sa vie avec honneur. Aussi, le Compagnon du « Devoir » qui voudrait faire le puritain sans contredire, nous pourrions dire de lui, ou du moins le penser : c'est un sot. Les professions se valent, les hommes ne se valent pas. Tel autre, à cause d'un petit pécule ou d'une bonne étoile dans son existence, veut faire le bourgeois et ne plus vouloir fréquenter la Mère et les Compagnons, et délaisse la Société ; laissez-le, celui-là, laissez-les ceux-là. Mieux vaut un ennemi vigilant qu'un frère inutile.

Le principe d'esprit libéral est tellement dans l'esprit et les mœurs des Compagnons DD∴, qu'une corporation qui voudrait faire du genre ou traiter avec hauteur l'une ou l'autre des corporations de J∴ S∴, serait mise silencieusement à l'index et peu à peu n'obtiendrait plus le concours et l'estime amical, dans les circonstances nécessaires où l'appel au nombre écouté flatte toujours la petite vanité de la corporation qui fait appel aux autres. (C'est un examen à se faire et qu'on se le fasse). L'utilité d'un Programme s'impose, en raison des idées excessives du mouvement socialiste qui pousse les parents à faire de leurs enfants des fonctionnaires ou des ouvriers rentés. Nous ne pouvons nous étendre sur ce sujet, malgré la difficulté de traiter l'économie sociale sans faire de politique.

Le patron, industriel ou entrepreneur doit soutenir le Compagnonnage, et l'aspirant a besoin de cette assistance solidaire où le patron Compagnon du Devoir sait adoucir, par un franc caractère, la différence sociale qui les écarte en ce moment. Or, qui est-ce qui en ce moment maintient le prestige compagnonnique ? Ce sont nos Mères du Tour-de-France.

Elles n'ont plus, comme dans le temps, nos Mères, le grand rôle qu'elles possédaient il y a quelque quarante ans. La Mère autrefois avait une certaine influence, au point de vue moral dans la société, et l'on flattait son amour propre de femme dans les fêtes et cortèges... Mais autrefois le patron de préférence allait chez la Mère ; aujourd'hui la consommation se fait sur le boulevard, ou au café du « Progrès ». On ne voit plus le patron chez la Mère. L'ouvrier Compagnon DD∴ s'en plaint ; l'aspirant entend et conclut que les syndicats ont leur raison pour s'entendre, et que les Chambres syndicales valent bien les Sièges compagnonniques. La Mère de son côté, voyant les ouvriers compagnons ne pas être solidaires aux bénéfices de son établissement, se trouve obligée d'organiser un restaurant pour tout le monde, la salle réservée aux Compagnons est délaissée ; les Compagnons aiment mieux manger avec les connaissances que de rester ainsi isolés, entourés de chefs-d'œuvre et tableaux, cannes et couleurs, anciens souvenirs du passé, photographies qui jaunissent par le temps, où jadis on était beaucoup plus. Ah ! c'était le bon temps : maintenant le jeune C∴ aime mieux manger avec tout le monde, car il n'est point exposé, si par hasard un C∴ vient chez la Mère ; les premières phrases sont celles dites plus loin, toujours autrefois ; aussi, chacun ne veut pas troubler sa digestion par des plaintes inutiles. C'est triste à dire peut-être ; est-ce exagéré et faux. Non !

Or, un programme compagnonnique serait facile à établir, chacun faisant un simple examen de sa conscience. Si le Patron ne veut pas soutenir le Compagnonnage DD∴, il tombera de lui-même à l'état d'impotent. Or, nous devons, Ouvriers et Patrons, étudier ensemble les liens qui doivent nous solidariser. C'est un grand progrès à considérer, que les Compagnons DD∴ sont plus sociables ; nous le devons au temps qui a su par son progrès réduire notre orgueil ridicule entre corporations de se prévaloir les unes plus que les autres ; on n'a pas voulu se solidariser jadis où nous étions nombreux. Fi donc ! nous serons toujours invincibles. Où est cette fanfaronnade ? Les écoles régionales,

les écoles professionnelles, les Chambres syndicales par leur instruction pour tous et gratuite ont établi la démocratie dans le Compagnonnage. Maintenant, pour être égaux, il faut se servir de notre intelligence, et pour cette lutte il ne faut pas des homme à la force matérielle ou brutale ; il faut lutter par l'économie sociale, industrielle et faire briller les arts.

Il ne faut plus raconter de balivernes aux jeunes gens. Jacques et Soubise furent des hommes intelligents d'abord, et Compagnons ensuite. Leurs règlements, leurs statuts montrent les idées générales de l'époque, et les mœurs et principes qu'il fallait soutenir et avoir pour soutenir leur Devoir. C'est justement ce que beaucoup ne comprennent pas : Le Devoir.

Il a été créé pour donner à un groupe d'individus les avantages sociaux pour se procurer du travail et maintenir par ce moyen les rapports entre bons Ouvriers et Patrons. Cette communauté d'intérêts entre Compagnons DD∴ a formé dans le temps un grand monopole de favoritisme de la part des Ouvriers et Patrons CC∴ DD∴ entre eux.

En dessous de cela, tout n'est qu'un assemblage extérieur pour écarter le paresseux ou pour attirer le *Travailleur* qui, sans s'occuper des difficultés pour être compagnon ni sans scepticisme pour les manifestations compagnonniques, désire être comme ces ouvriers dont la canne et les couleurs indiquent une solidarité unique dans son genre et le jour où les CC∴ comprendront que le petit nombre n'empêche pas de se créer un bien-être amical, leur but sera atteint ; et le jour où l'on verra que le Compagnonnage se groupera ainsi: une petite ruche modèle où le peu d'ouvriers Compagnons possederont le réels avantages, nous verrons les ouvriers ayant un but dans leur intelligence pour leur avenir, venir à nous.

Nous exposons le Compagnonnage DD.·. dans sa source même, par des *Réceptions* que nous faisons en vue de conserver du nombre. Cela est une grosse erreur, c'est faire des loups qui étrangleront nos louveteaux. N'acceptons donc pour Compagnons que des jeunes gens qui promettent et annoncent un caractère discipliné, sobres en paroles, énergiques et surtout économes ; le temps en fera des hommes utiles à la Société.

Il faut donner à nos Mères du Tour-de-France une part plus grande dans notre vie sociale, en donnant dans les restaurants compagnonniques un exemple de fraternelle solidarité, qu'on doit rencontrer plutôt dans les sièges des Compagnons DD.·. qu'à l'Union du Tour-de-France ou de tout autre siège de sociétés de ce genre, etc.....

NOS STATUTS

> Les Réformes de la Révolution n'en-
> lèvent point les gloires de la vieille
> France : le Passé ou le Présent, c'est
> toujours de la Patrie !
>
> A. B.

Avant d'entrer dans les questions principales du Congrès, il nous a paru nécessaire de parler de nos statuts, au point de vue moral seulement, dans leur ensemble général et leurs effets dans chaque corporation qui agissent sur les réformes demandées.

Le but du « Programme » est d'inspirer les sentiments utiles à la cause du Compagnonnage DD∴ et de préparer les grandes lignes des réformes sociales qu'on désire y apporter, en les rendant pratiques à notre vie privée et industrielle.

Nos grands philosophes Jacques et Soubise ont laissé dans leurs statuts une ligne de conduite ayant pour but de faire de leurs Compagnons, sinon des hommes illustres, certainement, des hommes moins qu'ordinaires. La lecture de nos règlements anciens nous fait voir, sous un langage simple et rude, les mœurs ouvrières de ces xive et xve siècles, où la Renaissance donna un si grand rôle à la classe ouvrière de l'époque.

Pour trouver sublimes et nobles ces sentiments de fraternité dans le Compagnonnage, il faut comprendre l'origine de son institution en y apportant un jugement électrique. Le Compagnonnage du

Devoir a perdu sa première vitalité en ce que les Compagnons ont subi l'influence des idées sociales modernes avec un esprit sceptique, au détriment des traditions du Compagnonnage du Devoir, ajoutant à cela un manque de jugement entre la *moralité* et les *préjugés*. Cet esprit, plus superficiel que profond, a produit cependant un écart à la fidélité du Devoir, aux conséquences de ces mots : *respect* et *attachement*, qui n'ont plus cette pureté loyale que l'on trouvait dans nos anciens, malgré leurs mœurs et leurs croyances.

Un jugement sain est la base qui doit nous faire comprendre et respecter les traditions du Compagnonnage DD∴ — Les hommes d'Etat, les diplomates, admettent et respectent l'esprit des Cultes comme constituant un trait d'union dans les rapports de la moralité des peuples pour le maintien et le respect des lois.

Le Compagnonnage du Devoir au point de vue de son principe constitutionnel doit maintenir l'esprit de tradition morale provenant de la source des idées philosophiques de maître Jacques et du Père Soubise. Il doit maintenir son rôle indépendant dans les opinions politiques ou religieuses que peuvent posséder ses membres. Cette indépendance, ou plutôt cette neutralité, consiste au point de vue politique à respecter la forme gouvernementale quelle qu'elle soit, a rendre aux autorités administratives par les manifestations compagnonniques, le devoir de respect social dû à ceux de qui dépendent les intérêts supérieurs de la Patrie !

Au point de vue moral, nos règlements et nos statuts sont empreints d'une sage philosophie, sans aucunement forcer les consciences, surtout nos vielles Corporations du Devoir, toutes celles qui sont : chefs-d'œuvre. Toutes les Corporations du Devoir liées par leurs professions à l'art ne peuven friser la libre-pensée. Nos vieux CC.·. DD.·. dans leurs actions, respectaient la tradition et l'esprit moral de nos statuts et professaient le *Culte du Souvenir*, la fraternité, le dévouement, l'amitié formaient le triangle mystique du Dieu et le Devoir des honnêtes CC.·. reliait les cœurs dans les manifestations Compagnonniques de nos fêtes Compagnonniques et de la sortie des Chefs-d'œuvre.

Dans nos règlements, il faut maintenir les fêtes corporatives, avec toutes leurs coutumes. Si des améliorations se demandent, si des choses exigent d'être atténuées il faut apporter à ces réformes un esprit conciliant.

Dans nos fêtes corporatives, les cathédrales, les mairies, les préfectures, doivent être nos arrêts de passage.

Sous les voûtes de nos cathédrales, nos chefs-d'œuvre se rapprochent de l'Immortallé. Orléans, si riche en souvenirs, les cathédrales de Tours, Nantes, Lyon, Marseille, Bordeaux, monuments historiques de France, où les ouvriers ont laissé la trace de leur génie. Les arts libéraux qui forment l'ensemble de notre aspiration dans le Compagnonnage DD.·. élèvent ceux qui leur consacrent leur intelligence, leur font goûter les émotions géniales qu'ils inspirent.

L'ouvrier, frère de l'art, s'idéalise, entre dans la voie mystérieuse, inconnue du vulgaire. L'amour du Beau fait naître celui du Bien ; tout s'enchaîne : celui qui aime l'art oublie la matière qu'il emploie et purifie l'amour de la Liberté. . . . .

. . . .

Le Compagnonnage du Devoir doit surtout être éloigné à tout ce qui entraîne les questions religieuses et politiques. Cela a été la force de nos sociétés Compagnonniques de ne pas être mêlées a ces agitations.

Le Rôle social du Compagnonnage D∴ D∴ dans sa forme mutuelle amicale et fraternelle a pour but de soutenir *l'art professionnel* dans la classe ouvrière qui est son *élément.*

Nos *ouvriers d'arts* ont spécialement compris tout le grand avantage a s'inspirer des sentiments honnêtes qui doivent donner au Compagnonnage D∴ D∴ une sage *Indépendance* qui sont le plus sur moyen d'ouvrir au dévouement une initiative sans mesquinerie, dans la part des esprits contraires, et par le respect de Tous par Tous, la plus grande garantie d'assurer l'harmonie sociable des CC∴ D∴ D∴ entre eux. . . . .

. . . .

. . . .

Maître Jacques et le Père Soubise ont compris ces principes moraux qui conservent dans les Sociétés, seconde famille de l'homme, l'union des cœurs, le respect des uns des autres, le respect de la liberté de son semblable dans le maintien primorial de sa propre conviction. Dans nos Chambres compagnonniques, maintenons le moral de notre Institution, et que le Devoir repose toujours sur les bases fondamentales des peuples et des sociétés : le respect de la Tradition et l'amour de la Liberté.

Sachons ! — Nous enfants du peuple, nous ne froissons pas le peuple dans ses croyances par nos manifestations, et les autorités civiles approuvent les Compagnons du Devoir, dont l'esprit sociable a l'égalité de bienséance religieuse et de régime social.

Des différentes Sociétés ouvrières dont l'origine fut pour contrebalancer le Compagnonnage du Devoir : Leur but primitif ; ses résultats.

> Nos enfants hésiteront de leur Devoir ; aussi devons-nous le rendre fort contre la calomnie, fort contre les ambitions déloyales et prévoir l'avenir avec dignité.
>
> A. B.

PREMIÈRE PARTIE

Les personnes qui s'intéressent aux Sociétés ouvrières lorsqu'elles en arrivent à fixer leur appréciation sur le Compagnonnage, leur première pensée est d'appeler Compagnon du Devoir *les Compagnons* en général, sans aucune nuance et sans faire de distinction dans le Compagnonnage.

Or, à vrai dire, l'organisation actuelle du Compagnonnage DD∴ se laisse confondre, et d'autant plus volontiers que, jusqu'à ce jour, il n'a pas cherché à se faire une distinction ; les différentes Sociétés compagnonniques qui sont en France sont, pour tous ceux qui sont complètement étrangers à ces questions particulières, une scission dans le Compagnonnage, née de mauvaise entente ou de rivalités.

Il faut avouer que beaucoup de ceux qui ne sont pas Compagnons DD∴, mais faisant partie d'un autre Compagnonnage, ne cherchent pas à relever cette nuance ; c'est une preuve que le Compagnonnage DD∴ a toujours été en principe le Compagnonnage modèle et enviable ; et ceux qui cherchent à se faire passer comme tels ont toujours leur raison valable pour ne pas faire prévaloir leur Société et trouvent toujours leur intérêt à ce que cette dernière soit confondue avec le Compagnonnage DD.˙..

Donc, le but du Congrès futur est d'organiser le Compagnonnage DD ˙. de façon à le montrer tel qu'il est, à le faire connaître mieux au Gouvernement, aux autorités administratives, au Patronat et, enfin, à ceux qui y sont les plus intéressés : aux bons ouvriers.

Il faut rendre le Compagnonnage du Devoir « distinctif », pour qu'il puisse obtenir l'attention qu'il mérite et à laquelle il a droit, et le faire ressortir des Sociétés similaires avec lesquelles il n'a aucun rapport social, respectant ces dernières autant qu'elles le méritent, et que nous jugeons valoir autant que nous.

Son organisation actuelle offre de réelles difficultés, dans ce sens que le Compagnonnage DD.˙. n'a pas d'*Unité*, qui influence sur les corporations qui lui sont attachées pour rendre compacts les Compagnons DD.˙. ? — Non ! — Autant de corporations, autant d'unités. dont aucune ne peut en former une seule par elle-même.

Cependant, nous avons tout ce qu'il faut pour donner au Compagnonnage DD.˙. la distinction comme Société ouvrière et patronale que nous désirons lui procurer. Pour cela, il faudrait le vouloir. Le veut-on ? — Comment notre volonté désire-t-elle et agira-t-elle pour que les ouvriers et patrons CC.˙.

DD∴ soient reconnus comme tels ? — Reconnaissons-nous que nous avons intérêt à ce qu'il en soit ainsi ?

Lorsque Jacques et Soubise donnèrent à leurs ouvriers la nouvelle constitution, leurs règlements, leurs statuts, etc., cette réforme sociale prit son nom : *le Devoir.*

A partir de cette époque, les Compagnons, adoptant les nouvelles bases du Compagnonnage de Jacques et Soubise, prirent le nom de Compagnons du Devoir, le transmirent à leurs adeptes et ainsi jusqu'à nos jours.

Jacques et Soubise avaient chacun un rôle qui rendait le *Devoir* pratique, parce qu'ils avaient une *Direction* qui rendait les corporations solidaires et communément liées au Compagnonnage DD∴. Depuis cette époque, jamais les corporations compagnonniques DD∴ n'ont eu à leur tête, par un mode d'élection quelconque un conseil suprême, les représentant au point de vue social, chargé de prendre fait et cause pour les Compagnons DD∴ dans les questions administratives ou officielles.

Donc, rien de tout cela au point de vue organique, les CC∴DD∴ n'ont point caisse commune ; donc, point de direction générale. Le Devoir... est un souvenir purement et simplement ; il a toujours été conservé parce que les règlements des corporations ayant été établis dans un même ensemble d'idées par Jacques et Soubise, ces deux hommes, connaissant l'humanité, donnèrent à chacun des corps d'état un règlement particulier au point de vue corporatif et consacrant des statuts généraux au point de vue *Compagnonnique*. Voilà le Devoir ; aussi, à travers les siècles, les différents régimes, les révolutions, les ouvriers Compagnons DD∴ ont pu changer divers usages et règlements dans l'intérêt des corps de métier : mais ils ont toujours respecté les statuts de Jacques et Soubise ; car le Devoir est immuable, il est la pierre fondamentale de l'Institution qui, à travers les évolutions sociales, reste insensible à leurs poussées. Le Devoir comme l'honnêteté ne vit pas d'*opinion*.

A des époques différentes, le Compagnonnage du Devoir s'est divisé, et un autre compagnonnage similaire se forma à côté de lui ; il s'établit, et successivement des corporations se formèrent sous cette nouvelle égide. Le seul Compagnonnage qui est dans sa source même un rapprochement au Compagnonnage DD∴, ces nouvelles corporations compagnonniques qui ont toujours marché parallèlement avec la corporation du devoir, s'appellent les *Compagnons du Devoir de Liberté.* C'est ainsi qu'à côté des Compagnons Charpentiers du Devoir, il y a les Charpentiers du Devoir de Liberté ; de même pour les surruriers DD∴ il y a des CC∴ Serruriers du Devoir de Liberté, etc. Ces corporations sont similaires, mais tous les Compagnonnages de Liberté délaissent complètement Jacques et Soubise, considérés par eux comme les titulaires du Compagnonnage du Devoir (1).

Chose étrange, aucune des corporations de Jacques et Soubise n'ont cherché à donner dans l'esprit de leurs fondateurs au *Compagnonnage du Devoir*, une Caisse Centrale avec une Chambre suprême de Direction générale, en laissant aux corporations leur autonomie corporative, ces dernières ne remplissant uniquement que le rôle de succursales, au point de vue de l'Avoir Commun.

Même ressemblance chez les Compagnons du Devoir de Liberté, aucun esprit de fusion n'existe ; chacun de ces deux Compagnonnages reste isolé dans lui-même ; les corporations de l'un ou de l'autre sont autant de Devoir ou de Devoir de Liberté.

Aussi, si ces deux Sociétés distinctes avaient su organiser une solidarité générale, elles auraient été les deux plus fortes Sociétés ouvrières et patronales qu'il y eut en France.

Y aura-t-il un rapprochement ? (2). Nul ne peut le prédire. Jadis cette division entre ces deux Compagnonnages a procuré les manifestations ouvrières avec les mœurs et les coutumes de l'époque ; à

(1) Le Compagonnage du Devoir de Liberté a pour titulaire Salomon ; toutes les Corporations de ce compagnonnage l'adoptent, comme principe de leur détachement des Compagnons du Devoir, cependant le Temple de Salomon sera toujours l'allégorie qui a fait la légende sous laquelle se rangeront Compagnons du Devoir et Compagnons du Devoir de Liberté. (Voir l'*Avant-propos*).

(2) En 1860, il se fit un rapprochement considérable entre les Corporations Compagnonniques du Devoir, et celles du Devoir de Liberté S∴ J∴ S∴ — Cette Unité compagnonnique

l'heure présente, cette rivalité est sociale et a sa raison d'être en créant dans les deux camps, un stimulant au travail, une haine à la routine, la lutte pour les arts. N'est-ce pas la plus sociale et la plus noble lutte que l'on puisse envisager ?

Maintenant pourquoi le Compagnonnage n'a-t-il pas cherché à faire de toutes ces corporations une Société compacte et unique ? La raison est très simple : jusqu'à ce jour les Sociétés compagnonniques DD ∴ se sont toujours suffi elles-mêmes. Sont-elles fortes en nombre, tout va bien ; tombent-elles à un point qu'elles s'effacent, les Sociétés qui ont des engagements particuliers avec ces corporations re-

de tous les Corps avait pour but d'établir des asiles de Vieillesse dans les principales villes du Tour-de-France sans distinction de Compagnonnage, ces asiles portaient comme titre : Hôtel des Invalides des Compagnons du Tour-de-France.

Le projet de cette grande association s'établit à la Rochelle ; avait pour fondateur: Mousnier C ∴ Tourneur, né en 1812, reçu à Nantes en 1835. Encouragé par Escole de Salerme, C ∴ Tailleur de pierre dit le chansonnier du T ∴ D ∴ F ∴ (mort à Paris en 1902), Vendôme la clef des Cœurs, Agricole Perdiguier, etc... La Ville de Nantes forma une succursale par l'intermédiaire de Philippe dit St-Brieux, la Ville de Lyon s'y associa, également sous l'initiative de Guepin, C ∴ coutelier.

En 1867 on comptait en France 20.000 environ de Compagnons du Devoir et du Devoir de Liberté. Chaque C ∴ s'engageait à verser cinq francs à titre de fondateur, et à un versement annuel de un franc pour soutenir les vieux CC ∴ des *Deux Devoirs*. La guerre de 1870-71 ne fit pas réussir cette noble entreprise qui avait cette portée considérable d'unir en un seul faisceau CC ∴ D ∴ D ∴ et ceux dits de Liberté. Cette victoire morale sur l'égoïsme corporatif de l'époque pleine de rivalités était démocratique par ce grand projet fraternel. Sans doute il aurait subi de grandes modifications, en raison que les Caisses de Retraites C ∴ de nos jours donnent encore plus de satisfaction : chaque C ∴ peut maintenant mourir à l'ombre du clocher natal ou au milieu des affections qu'il s'est créé dans son existence.

Ce qui assurait surtout la réussite du Projet, c'est que cette cueillent tout ce qui compose le Devoir de ces Sociétés du Tour-de-France. Ces dernières se réorganisent-elles, le Devoir retourne à son activité ; aussi la force du Compagnonnage du Devoir se caractérise dans cette facilité à vaincre les obstacles, qui sont pour lui des leçons et de l'expérience acquise.

L'organisation et le fonctionnement d'une corporation compagnonnique sont connus de tout le monde. Le but est d'apprendre aux jeunes gens les difficultés de la profession qu'ils exercent et de leur

Association par une *sage* organisation laissait aux Corporations des deux Devoirs libres leur direction *particulière* et *corporative* : Elles s'unissaient uniquement pour le *secours commun*.

Vers 1875 on voulu reprendre ce groupement, il prit pour titre la « Fédération » mais cette Fédération au lieu de s'occuper comme ses aînés d'unir les CC.˙. du Tour-de-France par des œuvres pratiques, elle voulut *s'insinuer* dans les Corporations et faire un Compagnonnage sans distinction de Corps, réception en commun, etc... Les principes une fois mis à jour firent rompre toute alliance : Corporations du Devoir, et celle de Liberté voulurent conserver leur influence corporative sur la Classe ouvrière que la Fédération voulait lui enlever, car la Fédération en formant une mutualité générale et Retraite n'avait qu'un but : fusionner les Corporations C.˙. — Les Corporations C.˙. DD.˙. et de L.˙. voulurent conserver leur Antique usage.-Réception et Ecole professionnelle *par Corporation*. Les dissidents firent qu'une dite société « Union Compagnonnique » (sic) continua et *continue* encore la lutte contre le Compagnonnage Du Devoir, et veut l'anéantir.

En 1880 les CC.˙. D.˙. du Devoir fondèrent le Ralliement : Caisse de retraite mais pour les CC.˙. D.˙. Devoir seulement pour les CC.˙. D.˙. Liberté elles restèrent comme autrefois séparées. Le Ralliement et ses fondateurs se sont inspirés du principe sage de leurs prédécesseurs (1860). Elle respecte l'autonomie des corporations, elle fait appel aux CC.˙. DD.˙. pour leur faire une retraite. Les villes : Paris, Lyon, Bordeaux, Angers, Les Sables d'Olonne, Tours, Marseille, Angoulême, Paimbœuf, La Rochelle, Périgueux, etc. forment des succursales dont leur siège social est à Nantes (Ville directrice).

apprendre à les surmonter. Avec les principes d'art corporatif elle leur enseigne les principes du Devoir, l'obéissance et le respect fraternel. Elle tàche de faire de bons ouvriers et de bons patrons, elle fait ses réceptions avec tout ce qu'elle possède de corporatif ; nulle autre corporation du Devoir n'a droit de s'en préoccuper ; la *reconnaissance* entre les Compagnons du Devoir n'existe réellement *qu'entre les Compagnons d'un même corps d'état entre eux*.

Les cotisations sont collectives, uniquement pour chaque ville ; très peu ont une ville directrice ; mais cette Chambre compagnonnique n'a de prérogatives sur les autres qu'au point de vue des statuts en général en matière d'avis, de suivre les règlements, et de correspondance dans la corporation. Il y a des corps de métiers, lorsqu'ils ont à faire une assemblée générale, les délégués se rendent dans la ville désignée par l'ensemble des villes ou sièges de sociétés. C'est le mot : il y a des corporations dont chaque ville forme autant de sièges indépendants de tous les autres du même métier et du même Compagnonnage du Devoir.

Il y a des corporations qui ont su habilement former toutes leurs villes succursales en Chambres compagonniques suffrageantes d'une Ville Directrice qui reçoit toutes les cotisations, lesquelles forment une Caisse Centrale, sans que les villes succursales aient aucunement à souffrir dans leur fonctionnement. Ces corporations ont réussi, en faisant recon-

naître leur Société comme Société de secours mutuels
à se faire appuyer par l'Etat. Tout ce qui est compagnonnage est absolument privé, leur règlement
sur le livret de cotisation entre la stricte réalité des
versements à faire par tous les Compagnons DD.·.,
les bénéfices et les pertes qu'ils éprouvent à ne pas
s'y conformer ; de cette façon les Compagnons DD.·.
se concordant à l'esprit de la loi sur les sociétés de
secours mutuels ont en même temps déposé, sous
la garantie de l'Etat, le titre de Compagnons *du Devoir* du Tour-de-France. C'est là-dessus que les corporations DD.·. devraient prendre exemple.

Si, dans l'ensemble général, les corporations peuvent se soutenir ; donc quel est l'intérêt qui les
oblige à vouloir s'étendre davantage ?

Le Compagnonnage DD.·. subit *une Crise*, qui
provient de ce qu'il y a des corporations perdues,
parce que les machines ont supprimé leur usage ;
d'autres, si le mécanisme ne peut les supprimer, il
a réduit ces corporations à un nombre restreint, tout
près de disparaître. Les usines ou fabriques suppri-
ment le Compagnonnage DD.·., qui a été institué
pour faire des ouvriers.

« Peut-on appeler des ouvriers proprement dits,
» au point de vue de savoir un métier et l'art d'un mé-
» tier, n'importe quels individus sans profession dis-
» tincte, aptes à faire toute sorte de professions par
» l'emploi d'adoption ou de confectionnement de pro-
» duits mécaniquement rendus et qui ne demandent
» qu'un assemblage d'habitudes ? La machine, en ma-

» térialisant les hommes, supprime les métiers, fait
» des ouvriers sans spécialité aucune, ou du moins,
» leur spécialité est de produire à la tâche, chacun
» dans son genre.

« Aussi, il y a des Corporations dans le Compa-
» gnonnage DD∴ qui se trouvent entièrement dé-
» pourvues de jeunes gens aptes à faire des Compa-
» gnons et qui n'ont aucun intérêt à l'être, parce que
» les machines, fabriques et usines leur procurent les
» ressources pécuniaires nécessaires sans l'obliga-
» tion de connaître le métier. Ce sont des *Travail-*
» *leurs* ; voilà comment on peut appeler ceux qui
» passent leur temps dans la plupart de nos usines
» et fabriques.

Les corporations, dans les cas ci-dessus, devraient
uniquement se consacrer à faire de leurs privilégiés
des jeunes gens ou hommes, des Compagnons am-
bitionnant la place de contre-maîtres, capables de remplir savamment la fonction, et tâcher de recevoir des
jeunes gens susceptibles d'être patrons. Au bout de
dix ans, ces CC∴ DD∴, dans l'une ou l'autre condition sociale, pourraient faire revenir le nombre
restreint à un nombre normal, parce que leur situation leur permettrait de choisir des ouvriers sérieux
pour devenir des Compagnons du Devoir, en établis-
sant des cours professionnels à tous les âges. . .

. . . .

DEUXIÈME PARTIE

« Ne rendons pas les dévouements inutiles ».

S'il en coûte aux cœurs dévoués de se résigner à

rester inutiles à leurs semblables dans la Société, qui deviennent pour eux le motif de leur générosité, soit que leur dévouement ne soit pas compris ou leurs idées n'aient pas rencontré le terrain accessible pour être productives.

Peut-être leur activité devient-elle pour les hommes sans volonté un aiguillon ; peut-être que leur caractère progressif fait contraste dans une majorité d'individus où l'indifférence règne ; car l'indifférence prenant sa source dans l'égoïsme, certainement l'homme aux sentiments généreux qui a dans sa sphère un semblable régime, s'étiole au milieu de tout ce qui n'est pas comme lui.

Le dévouement loyal et sincère, le caractère progressif qui marche sans ambition que celle du « Devoir », ne se séparent pas de ceux qui voudra ent se voir plus utiles à la *cause commune* ; il les plaint, au contraire, et sans arrière-pensée, quand l'occasion l'exige, il fait preuve de son abnégation.

C'est là le résumé de ceux qui ont vieilli, avec cette suprême espérance que le Compagnonnage du Devoir deviendra, entre toutes ses corporations, plus uni, plus utile pour lui par la création d'un bien plus compact, plus réel, moins idéal et plus pratique.

A côté du Compagnonnage du Devoir, il y a des Sociétés dont l'institution a rendu et rend encore de grands services, et qui sont « sœurs » avec lui. Nous voulons parler des Sociétés de Secours mutuels ; celles-ci, pour la plupart, ont eu pour fondateurs des Compagnons D.·.D.·..

De 1820 à 1830, commence ce mouvement mutuel, qui avait d'autant plus chance de réussir, que les idées ouvrières s'ouvraient à ce large horizon des idées démocratiques. Les Sociétés de Secours mutuels, à l'instar du Compagnonnage, possèdent les secours et la fraternité réunis. Plus libre, car leur but unique est de se protéger contre les accidents de la vie, de la maladie et de la misère. Les Sociétés de Secours mutuels étaient (de 1820 à 1830), d'autant plus intéressées à laisser l'école professionnelle à l'écart, qu'à leur origine, le Compagnonnage donnait sa large part d'instruction corporative à tous les corps de métiers ; mais, par contre, donnait-il le triste tableau des luttes, d'abord entre lui-même et avec le Compagnonnage de Liberté. Haines inutiles, luttes puériles et inspirées par des meneurs, que l'on trouve à toutes les époques et sous tous les régimes.

Aussi, dans les manifestations ouvrières, les Compagnons D.·.D.·. doivent saluer ces Sociétés de Secours mutuels dont le « Devoir » a été le berceau. Avec un sentiment fraternel, nous pouvons envier ce nombre progressif des Sociétés ouvrières, qui, tout en diminuant l'effectif du Compagnonnage du Devoir, contribuent au bonheur des travailleurs.

Vers 1825, sous des influences que tous les CC.·. DD.·. connaissent, des ouvriers et patrons se détachèrent du Compagnonnage D.·.D.·.et formèrent des Sociétés ouvrières, dont le but unique était primitivement pour le contrebalancer. Ils commencèrent à copier le Compagnonnage, en faisant des réceptions s'en rapprochant ; mais, aussitôt que ces fondateurs disparurent, les survivants de ces Sociétés abandonnèrent ce genre compagnonnique, qui n'avait aucun attrait pour eux, ne possédant pas contre le Compagnonnage les rancunes de leurs prédécesseurs. — Le but philanthropique devint absolument plus pratique et fit cesser l'antagonisme de l'une et de l'autre. Nous devons citer comme exemple une Société fondée vers 1830, dans les conditions ci-dessus, la Société des Travailleurs du Tour-de-France, qui, à l'heure actuelle, a des sièges dans les principales villes de France. Elle est absolument commune à toutes les Sociétés ouvrières avec secours mutuels, plus le bureau de placement.

Depuis quelques années, il y a une Société, dite « Union Compagnonnique »... Tout d'abord, nous serions tentés de croire que cette Union Compagnonnique est celle des Compagnons, ou du moins une partie du Compagnonnage. C'est une grosse erreur, que le Gouvernement, les Autorités et les personnes qui s'intéressent aux questions et aux Sociétés ouvrières, sont appelées à commettre tous les jours.

L'Union Compagnonnique n'est ni plus ni moins qu'une Société fondée par des Compagnons D.˙.D.˙. ou autres, avec le même esprit que ceux qui fondèrent, dans leurs temps, l'Union des Travailleurs du Tour-de-France, celle des Sociétaires, etc., dans le but de contrebalancer et de nuir au Compagnonnage du Devoir.

Laissons faire le temps ; lorsque tous les vieux

Compagnons, fondateurs de l'Union, auront disparu, quelle antipathie pourront avoir contre le Compagnonnage du D.·. ceux qui, devenus Compagnons de l'Union, seront complètement étrangers au Compagnonnage Du Devoir et Compagnonnage Du Devoir de Liberté ?

L'intérêt que peuvent avoir les CC.·. du Devoir à se méfier de la Société dite Union Compagnonnique, c'est que cette dernière, par des manœuvres déloyales, cherche à semer la division et la discorde dans les corporations appartenant au Compagnonnage D.·.D.·. afin d'en profiter et d'attirer le nombre. Pour tromper les jeunes ouvriers, elle a un journal dit l'*Union Compagnonnique*, et dans ce journal elle pousse l'indélicatesse à faire figurer comme sa propriété les Corporations du Compagnonnage D.·. D.·. (1).

Pourquoi prendre un titre de Société, dont le but n'échappe à personne, et est connu de tous les Compagnons du Devoir ?

L'Union Compagnonnique se faufille dans toutes les Administrations, sous cette forme de Société philanthropique ; elle veut vivre en parasite sur la *moralité* du Compagnonnage du Devoir, dont elle s'accuse de n'être plus que le Sosie.

Nous devons remarquer qu'au point de vue pécu-

(1) Journal l'*Union Compagnonnique* du 15 décembre 1895 : on a vu dans ses feuilles un *Tableau des adresses des corporations et des sièges de l'Union Compagnonnique*; et ces adresses sont celles des CORPORATIONS DU COMPAGNONNAGE DU DEVOIR. (Ce procédé n'a pas besoin d'autres commentaires).

niaire, sa forme de caisse générale, aucunes professions n'étant distinctes, elle a réuni tous ses sociétaires en une caisse commune de secours mutuels de retraites, etc. L'esprit corporatif ne peut exister, parce qu'il n'a jamais été dans le but de l'Union Compagnonnique de faire des ouvriers ; elle est une combinaison financière, sous la forme de mutualité et de retraite.

Dans le Compagnonnage D∴ D∴, comme nous l'avons expliqué, chaque corps d'état est distinct ; l'ouvrier, l'aspirant, le compagnon, sont complètement séparés l'un de l'autre. Charrons de profession vont chez la Mère des Compagnons Charrons D∴ D∴ ; c'est là son chez lui ; là il parlera charronnage ; l'ancien ou premier en ville, le Rouleur, aux heures des repas ou dans la soirée, les questionneront sur les difficultés du travail du jour, et chacun profitera de cette discussion fraternelle sur les difficultés de l'art et profitera de cet enseignement quotidien.

Le Compagnon Menuisier DD∴ ira chez sa Mère, et si parfois plusieurs corporations font Mère ensemble, chaque corporation aura ses jours de réunion distincts, et à tour de rôle se prête la salle de réunion, etc.

Au point de vue corporatif, les CC∴ Charpentiers DD∴ surveillent les aspirants, reçoivent Compagnons Charpentiers les jeunes gens qui suivent leurs écoles et pouvant être admis au Compagnonnage DD∴, et il en est ainsi pour toutes les corporations de Maître Jacques et du Père Soubise qui sont le Compagnonnage du Devoir.

L'Union Compagnonnique démontre bien qu'elle n'a aucun intérêt professionnel. C'est que les ouvriers sont admis en bloc. Un ouvrier sait le jour et l'heure de l'admission ; il y vient ; on lui donne un livret matricule correspondant au livret d'admission ; du reste, ils doivent être nombreux, si les décès n'apportent aucune radiation, au point de vue de faire prévaloir le nombre effectif.

Ils veulent être à tout prix des Compagnons... et les Compagnons DD.·. ne possèdent aucun rapport moral avec eux. Cela tombe en effet sous la logique. En voici un exemple : A Dijon, les Unionistes (1) firent un Compagnon Couvreur ; ils lui donnèrent comme nom compagnonnique : *La Rose de Dijon* ; un joli nom ; ma foi, tout à fait poétique, et qui symbolise bien que la Rose de Dijon n'existe pas sans épine (comme toutes les roses d'ailleurs) ; et ces épines seront les Compagnons Passants Couvreurs DD.·., qui trouvent cette fleur bien éphémère dans le buisson social. Croyez que ce couvreur unionique peut être bien à l'aise avec son titre de Compagnon. C'est un Compagnon de l'Union (3) ; sous ce rapport la *Rose de Dijon* peut bien en valoir d'autres, *mais les Compagnons du Devoir comprendront.*

A l'Assemblée générale des Compagnons Passants Couvreurs DD.·. tenue à Paris en 1896, il a été

(1) On désigne par ce nom ceux qui font partie de l'Union Compagnonnique.

(2) La Société Union Compagnonnique fait des Charpentiers, des Charrons, des Maréchaux, etc. — de toutes les corporations qui existent.

ajouté à l'article *des affronteurs* ceci : « Tout Compagnon P. Couvreur DD.·. qui fera partie de l'Union Compagnonnique ou d'autres sociétés reconnues, ayant les mêmes vues, *sera chassé du Devoir et sur le Tour-de-France*, et n'aura aucun droit au devoir des honnêtes Compagnons.

Cela n'a pas besoin d'autres commentaires, et toutes les corporations du Compagnonnage DD.·. agissant de la sorte, sauvegarderont leur activité.

Le soleil luit pour tout le monde ; toutes les sociétés ont droit aux mêmes égards et aux mêmes avantages que l'Etat puisse accorder aux Sociétés ouvrières et philanthropiques.

Mais le Compagnonnage du Devoir *doit éclairer* le Gouvernement, les autorités administratives, sur tout ce qui peut apporter une comparaison *défectueuse* sur le rôle et le principe des CC.·. DD.·.. Ceux-ci doivent éclairer la classe ouvrière et la mettre en garde contre tous ceux qui cherchent à la tromper.

Les Compagnons du Devoir ont des enfants, et leur espoir bien légitime sera de les voir un jour comme eux. C'est aussi pour cette raison qu'ils doivent rendre le Compagnonnage du Devoir fort contre la calomnie, fort contre les ambitions déloyales et prévoir l'avenir avec dignité.

Les réformes collectives et générales nécessaires à l'organisation du Compagnonnage du Devoir au point de vue industriel et corporatif.

> Pour l'ouvrier et le patron, les intérêts sont communs dans le *Compagnonnage du Devoir* et réciproquement nécessaires. Ils doivent être conformes au mouvement industriel et économique *pour sa vitalité et son Utilité publique.*

Un système corporatif tend dans l'Industrie et le Bâtiment, à se généraliser. C'est celui de réunir deux corporations distinctes pour former une entreprise générale, que les deux ou plusieurs professions ne peuvent être séparées pour un même objet.

Ce système corporatif comprend le fusionnement de deux métiers pour une même entreprise, ou de plusieurs métiers dérivant l'un de l'autre, pour former une seule Industrie. — Voici un exemple : un Compagnon Charron du Devoir et un Compagnon Forgeron DD∴ (Dans nos campagnes et petites villes de province, le patron forgeron adopte à son industrie les machines agricoles, etc., comme le patron serrurier, adoptant les constructions mixtes ajoute l'ajustage et le mécanisme dans tous les genres). Le Charron, au point de vue du travail, se trouve dans la nécessité d'apprendre la forge. Voilà deux corporations dont, dans quelques années, la spécialité de chacune sera fortement diminuée. Dans les villes et campagnes, cette fusion s'implante, prend racine, en un mot, elle devient commerciale, et presque partout on voit : Forge et charronnage.

Que nos anciens critiquent la chose, ils ne pourront empêcher la marche de fusionnement, qui est le *système* Economique et Industriel. De plus, les générations futures ne feront plus cas de cette agglomération, qui sera complétement tombée dans l'usage. Que ces deux corporations, citées en exemple, comme toutes celles qui subissent les évolutions modernes du Travail, veuillent toujours rester en deux parts, soit ; mais ce sera au détriment de leur opposition à rester ainsi deux parties distinctes, pour ne pas former une profession unique, dont le Patronat à pris la forme et dont rien ne pourra l'en déroger.

Ce fusionnement corporatif ne se fait pas, parce que les corporations compagnonniques DD∴ ont ce préjugé qu'il faudrait l'assentiment des autres Corporations pour réunir en une seule corporation deux ou plusieurs corps d'Etat, unis dans les ateliers soit par les métaux ou produits afférents ou par un seul travail à rendre en commun. Ce préjugé n'a nullement sa raison d'être. Une ou plusieurs corporations qui jugent à propos de le faire, ont tort de s'occuper de ce fétiche : de savoir l'esprit de tout le monde ; qu'elles la fassent, au contraire, cette agglomération progressivement, et lorsque cette augmentation aura son fonctionnement, elles n'auront qu'à continuer dans la voie progressive du travail.

Voici un autre exemple, qui diffère du premier, en ce sens qu'il faudrait, au lieu d'unir deux Compagnonnages du Devoir, une corporation nouvelle à la corporation existante, parce que cette corporation, qui n'est pas assimilée au Compagnonnage DD.·., est liée de telle sorte qu'elle rend des services importants et possède autant de talent industriel que la première ; ainsi : couverture, zinguerie. Dans toutes nos grandes villes, elle forme une seule profession sociale ; (dans les grands ateliers, chaque profession peut avoir ses spécialités), dans nos grandes villes de province, aussi bien que dans les petites, le couvreur est zingueur ; tous nos jeunes ouvriers actuels savent ou apprennent la zinguerie sur leur Tour-de-France ; ils font un stage plus ou moins long à Paris et s'en retournent chez eux avec des notions et des principes de couvertures en zinc, la faisant marcher de pair avec la couverture en ardoise et réciproquement.

Voilà plus de vingt ans que les Compagnons Passants Couvreurs de Paris ont des cours professionnels de zinguage. Le chef-d'œuvre des Compagnons P.·. Couvreurs DD.·. de Tours, le plus beau du Tour-de-France, a le premier inauguré la zinguerie et la plomberie se joignant à la couverture (exposé à Paris en 1889).

Les CC.·. Couvreurs DD.·. de Paris reçoivent des zingueurs, auxquels ils donnent les éléments de la couverture en ardoises ; ces derniers font autant d'honneur au Compagnonnage du Devoir qu'un Compagnon Couvreur ; de plus, cette fraternité dans le travail n'a été qu'à l'avantage de la couverture, de la progression de la zinguerie et de son développement.

Croyez-vous que les Couvreurs ont demandé à l'une ou à l'autre corporation d'ajouter ce nouveau corps de métier au Compagnonnage DD∴ ? Non ! Pourquoi ? — Parce que la zinguerie n'est pas entrée comme une corporation étrangère dans l'art de la couverture, elle s'est affiliée d'elle-même, dans ce sens que nos couvreurs savaient tous d'avance la zinguerie comme le ferait dans sa profession un charron faisant la forge, un serrurier faisant le mécanicien, etc.

Le fusionnement corporatif suit naturellement son cours, il brusque les anciennes habitudes, mais les ouvriers en reconnaissent eux-mêmes les avantages.

Au point de vue compagnonnique voici un dernier exemple : Charpente-Menuiserie, Menuiserie et Charpente, voilà deux corporations qui, dans le Compagnonnage du Devoir, ont un titulaire différent ; Maître Jacques, pour les Menuisiers, Soubise pour les Charpentiers ; sans doute les Compagnons Menuisiers DD∴ feront des ouvriers d'art dans leur profession, l'ébénisterie doit être l'objectif des CC∴ Menuisiers du Devoir qui est pour eux le complément à leur art auquel la menuiserie de charpente n'a aucun rapport, et l'ébénisterie fera des CC∴ Menuisiers DD∴ des ouvriers d'art dans ce genre. . . . . .

Les Corporations de Me Jacques et de Père Soubise sont : Une ? *Parce quelles forment elles seules : le Compagnonnage Du Devoir*. Pour l'ouvrier et le Patron CC∴ D∴ D∴ les intérêts sont communs. Mais pour être sincères, les sentiments fraternels sont contrebalancés par les intérêts personnels du Patronat au point de vue corporatif, surtout de ce ou de ces Patronats qui s'agrandissent réciproquement sur leurs spécialités premières. Les ouvriers et Patrons de ces diverses corporations doivent établir un trait d'union à leur distinction et établir des rapports communs conformes au mouvement Industriel pour que le Compagnonnage Du Devoir ait sa vitalité et son utilité publique. Pas de réformes sociales possibles si le Compagnonnage D∴ D∴ n'est pas *Indépendant* des intérêts personnels et si rien jusqu'à ce jour n'a été progressif n'allez pas plus loin : là est l'obstacle !

Toutes les corporations qui ont besoin d'ajouter une profession liée à la leur par les mêmes intérêts et qui, dans l'organisation actuelle de l'entreprise, devient en usage, doivent le faire d'elles-mêmes, et pas une corporation du Compagnonnage du Devoir ne possède un article des règlements et statuts *interdisant* la marche du progrès dans l'Industrie et le Travail.

Les coutumes font loi, et c'est toujours par les usages et les mœurs qu'on trouve dans l'histoire la marche des sociétés et des peuples.

Une seule chose est indispensable, c'est de ne faire

ces affiliations qu'en petit nombre, au fur et à mesure que ceux qui sont reçus dans les nouvelles conditions possèdent des définitions bien arrêtées : car supposons que trois boulangers recevraient dix pâtissiers, s'exposeraient à perdre rapidement leur autorité, qui doit être conservée jusqu'au jour où l'usage, complètement établi, composera les bureaux de leurs Chambres compagnonniques de ces deux corps d'états, qui dans le commerce ont leur fusion établie et marchent sans cesse à leur accroissement.

L'agrandissement du Compagnonnage par *lui-même*. La tâche de la réunion des corps de métier ne peut être faite que par les corporations qui en reconnaissent *l'utilité*. Ce n'est pas aux Compagnons Couvreurs DD.˙. de dire aux CC.˙. Serruriers DD.˙. « Faites donc des mécaniciens. » C'est aux CC.˙. Serruriers DD.˙. à qui incombe cette modification, s'ils la jugent nécessaire et indispensable pour donner à leur corporation une force vitale à son actualité.

Toutes Chambres compagnonniques d'une *même corporation* doivent faire leur *Congrès corporatif* ; car il devient, pour les ouvriers et patrons d'une même corporation, la *raison sociale* que, seule, les Compagnons du Devoir d'une même profession peuvent apporter leur justesse et leur bon sens dans la marche progressive qui s'impose.

Les Corporations compagnonniques DD.˙. doivent par elles-mêmes apporter les réformes sociales. Assemblées générales entre les Compagnons d'une même profession. Congrès mixte entre ces premiers *et les Compagnons avec lesquels ils sont en rapports communs dans le travail.*

Aucunes d'elles ne doivent s'appuyer les unes sur les autres, pour ce qui est indispensable à leur conservation compagnonnique qui n'est qu'*une* avec l'utilité corporative.

Les corporations qui s'appuient l'une sur l'autre dans une espérance factice de l'avenir, s'exposent elles-mêmes à leur effacement, et par cette inconséquence, deviennent des corporations inutiles dans le Compagnonnage DD∴ et qui doit réellement se reporter à l'avantage d'une Chambre syndicale ou société ouvrière plus éclairée, plus accessible à la forme actuelle du travail, parce qu'elle a été pratique.

Des Ressources Pécuniaires à prévoir et à préparer pour le Congrès.

Mieux vaut faire un faux pas en avant et se relever avec courage que vouloir bien faire et rester stationnaire.

Nous avons parlé dans le temps des Congrès collectifs. où toutes les corporations d'une même ville se grouperaient pour étudier les réformes nécessaires aux Compagnons du Devoir.

Sous l'influence des idées émises par ceux qui se dévouent à la cause du Devoir, il en est résulté que, sous le nom d'*Alliance des Corps*, quelques villes ont organisé des comités d'études sociales et qu'à certaines époques, les Compagnons DD.·. de tout corps d'état se réunissent pour traiter ensemble des améliorations désirables et nécessaires aux Compagnons du Devoir pour le rendre pratique à son actualité.

Nous engageons les corporations d'une même ville à organiser ces comités, à faire ces réunions, chacune à tour de rôle, chez les Mères, à avoir un livre de procès-verbaux où chaque réunion aurait son compte-rendu. Un C.·. secrétaire seul est nécessaire pour le tenir, et le président de ce comité est nommé simplement le jour même de la réunion; il ne joue qu'un rôle secondaire vis-à-vis du Comité d'études sociales et ne sert qu'à établir l'ordre pendant la réunion ; il signe le procès-verbal, et ainsi de suite pour chaque assemblée de ce genre.

Les villes, par leurs particularités, leurs usages et leurs coutumes dans un même but, ont des vues différentes, qui, par l'étude générale, deviendront dans leur ensemble unies, apportant dans un principe éclectique les résultats sinon définitifs, mais qui aideront à l'accomplissement des réformes souhaitées.

Le Compagnonnage DD∴ autrefois avait 32 Corporations, 14 seulement restent à l'actualité, formant 115 sièges corporatifs. 35 villes du Tour-de-France se partagent les sièges corporatifs ou succursales, dans cette composition, 16 villes ont seulement un siège corporatif distinct à un Corps d'état, les autres villes forment des sièges communs à plusieurs Corporations dont le nombre est de 99, en formant une moyenne de 60 0/0 de Compagnons DD∴ vivant en commun, ou ce qu'on appelle faire : *Mère ensemble.*

Autrefois, chaque Corporation avait un siège distinct dans chaque ville ; cette fusion provient que le nombre sans cesse décroissant a nécessité cette fusion, il y a même dans certaines villes, où des CC∴ dévoués sont titulaires des cachets de passage afin que la : *Ville reste.*

Les Corporations D∴ D∴ ci-dessus énoncées ne possédant qu'un siège fictif voudraient un Tour-de-France pour Tous et par Tous, jusqu'à ce jour elles ont pû conserver le prestige du nom par des chefs-d'œuvre qui, dans nos Expositions. font l'admiration ; mais combien il y en a qui ont conservé cet honneur au prix de tels sacrifices, a tel point elles ont réduit leur budget même insuffisant, à faire appel à toutes les bonnes volontés.

C'est ainsi une preuve que les Corporations Du Devoir qui ont vieilli avec les siècles n'en sont en cela pas plus avancées que les plus jeunes que par leur esprit d'ordre, prévoyance de l'avoir commun.

Nos villes du T.-de-F. ont donc tout intérêt à se solidariser non dans une ou plusieurs corporations, mais par toutes réunies sans distinction pour relever celles qui ont besoin d'appui et de consolider par un lien général celles qui sont prospères et pour lesquelles il doit être un *espoir* de fraternelle Solidarité.

CORPORATIONS DU DEVOIR DU TOUR-DE-FRANCE

Tours : 13 Corporations

Serruriers, — Cordiers, — Forgerons, — Charpentiers, — Menuisiers, — Couvreurs, — Tisseurs-Ferrandiniers, — Bourreliers-Harnacheurs, — Maréchaux-Ferrants, — Boulangers, — Cordonniers-Bottiers, — Charrons, — Doleurs.

Nantes : 11 Corporations

Serruriers, — Cordiers, — Charpentiers, — Forgerons, — Menuisiers, — Couvreurs, — Charrons, — Bourreliers-Harnacheurs, — Maréchaux-Ferrants, — Boulangers, — Cordonniers-Bottiers.

Bordeaux : 11 Corporations

Tailleurs de pierre, — Serruriers, — Forgerons, — Charpentiers, — Couvreurs, — Menuisiers, — Charrons, — Bourreliers-Harnacheurs, — Maréchaux-Ferrants, — Boulangers, — Cordonniers-Bottiers.

Paris : 11 Corporations

Serruriers, — Cordiers, — Forgerons, — Charpentiers, — Menuisiers, — Couvreurs, — Charrons, — Bourreliers-Harnacheurs, — Maréchaux-Ferrants, — Boulangers, — Cordonniers-Bottiers.

Lyon : 10 Corporations

Serruriers, — Forgerons, — Charpentiers, — Menuisiers, — Couvreurs, — Charrons, — Tisseurs-Ferrandiniers, — Bourreliers-Harnacheurs, — Maréchaux-Ferrants, — Boulangers, — Cordonniers-Bottiers.

Marseille : 8 Corporations

Serruriers, — Forgerons, — Charpentiers, — Menuisiers, — Charrons, — Bourreliers-Harnacheurs, — Maréchaux-Ferrants, — Cordonniers-Bottiers.

Angers : 7 Corporations

Forgerons, — Couvreurs, — Maréchaux-Ferrants, — Charrons, — Cordonniers-Bottiers, — Charpentiers, — Bourreliers-Harnacheurs.

Limoges : 3 Corporations

Forgerons, — Maréchaux-Ferrants, — Cordonniers-Bottiers.

Orléans : 4 Corporations

Couvreurs, — Charrons, — Maréchaux-Ferrants, — Boulangers.

Agen : 4 Corporations

Charpentiers, — Maréchaux-Ferrants, — Cordonniers-Bottiers, — Boulangers.

Avignon : 3 Corporations

Charrons, — Bourreliers-Harnacheurs, — Maréchaux-Ferrants.

Montpellier : 4 Corporations

Tailleurs de pierre, — Menuisiers, — Cordonniers-Bottiers, — Boulangers.

Nîmes : 3 Corporations

Maréchaux-Ferrants, — Boulangers, — Cordonniers-Bottiers.

La Rochelle : 3 Corporations

Menuisiers, — Maréchaux-Ferrants, — Boulangers.

Saumur : 3 Corporations

Cordiers, — Maréchaux-Ferrants, — Boulangers.

Toulouse : 3 Corporations

Charpentiers, — Menuisiers, — Cordonniers-Bottiers.

Dijon : 2 Corporations

Charpentiers, — Couvreurs.

Rochefort-sur-Mer : 2 Corporations

Cordiers, — Boulangers.

Angoulême : 2 Corporations

Charrons, — Boulangers.

Villes où ne siège qu'une corporation

Beaune : Doleurs.
Béziers : Maréchaux-Ferrants.
Cognac : Doleurs.

Carcassonne : Maréchaux-Ferrants.
Châlons-sur-Saône : Boulangers.
Hâvre : Couvreurs.
Libourne : Cordonniers-Bottiers.
Le Mans : Cordonniers-Bottiers.
Paimbœuf : Cordiers.
La Réole : Cordonniers-Bottiers.
Saintes : Boulangers.
Saint-Etienne : Tisseurs-Ferrandiniers.
Sens : Boulangers.
Troyes : Boulangers.
Vienne : Tisseurs-Ferrandiniers.
Blois : Boulangers.

Corporations DD.·. avec leur nombre de sièges de Société par ordre alphabétique :

Maréchaux-Ferrants.......................	18 sièges
Boulangers............................	10 —
Cordonniers-Bottiers.....................	10 —
Charrons.............................	10 —
Charpentiers..........................	10 —
Menuisiers...........................	9 —
Couvreurs............................	9 —
Bourreliers-Harnacheurs..................	8 —
Forgerons............................	7 —
Cordiers.............................	6 —
Serruriers............................	6 —
Tisseurs-Ferrandiniers...................	4 —
Doleurs...	3 —
Tailleurs de pierre......................	2 —
Les IV Corps	2 —

Soit. 115 sièges répandus dans trente départements.

Trente-cinq villes sur le Tour-de-France ont des sièges corporatifs. Le Compagnonnage du Devoir exerce son influence sur trente départements seulement, mais cette influence en rapport de la différence sur les 86 départements, est forte malgré tout, parce qu'elle est établie du centre à toutes les extrémités. De cette façon, le Tour-de-France possède un assez grand réseau pour le Compagnon DD∴ qui veut voyager.

Mais, malgré cela, remarquons que ces villes, quelle que soit leur situation, n'offrent pas d'avantages réels pour tous les Compagnons du devoir, le Compagnonnage DD∴ étant distinctif par Corps de métiers. Le but du Congrès est donc de chercher *à utiliser ces villes* du Tour-de-France comme des étapes fraternelles où le C∴ DD∴, quelle que soit sa profession, trouve, dans ces cas particuliers où une ville ne possède qu'une seule corporation, *un lieu aussi sûr pour tous par le moyen d'un lien solidaire* :

LA RECONNAISSANCE GÉNÉRALE ; cette Reconnaissance générale, répandue dans toute l'activité et dont Rigaud, de Marmande, C∴ P∴ Charpentier, entrepreneur et professeur de trait, a si bien expliqué et démontré la pratique exécution. Nous citerons aussi la création d'une CAYENNE CENTRALE, dont le C∴ P∴ Charpentier Chereau a cherché à faire comprendre à tous les avantages. Nous inspirant des idées si démocratiques de tous les CC∴ DD∴ dévoués, nous trouvons qu'un Congrès général s'impose *par délégations corporatives de chaque ville du Tour-de-France y siégeant.*

Nous évaluons à cent quinze les délégués pour le Congrès (1). Les cent quinze congressistes, parlant au nom du Compagnonnage du devoir, avec toutes les études et exposés, établis à l'avance, réaliseraient ce PREMIER PAS EN AVANT, qui aura fixé la première pierre de la marche du progrès dans le Compagnonnage DD.·.. Nous évaluons à vingt-sept mille francs la somme nécessaire pour faire face aux dépenses du Congrès, ainsi répartie :

115 voyages de délégués à 80 francs, ci.	9.200 fr.
110 journées de congressistes par jour pendant dix jours, durée du congrès, à dix fr. par jour, 1 100 journées à 15 fr. ci.	16.500
Frais d'imprimés et imprévus, ci.......	1.600
	27.300 f.

Le nombre des Compagnons du Devoir, en ne comptant que les actifs et honoraires, est approximativement de 4.500.

Pendant un an, tous les Compagnons verseraient 0 fr. 50 par mois pour *la caisse du Congrès*. En faisant le calcul suivant, nous trouvons :

$$4.500 \times 0.50 \times 12 \text{ mois} = 27.300.$$

La création d'une caisse spéciale pour le Congrès est le départ de notre intention, elle doit être comme la pierre d'achoppement qui, sans paraître à la surface, n'en est pas moins la base fondamentale sur laquelle s'appuie tout *édifice*.

(1) Toutes les villes du Tour-de-France ont droit de siéger au Congrès *parce qu'on leur imposera le Devoir de s'y soumettre.*

La fraternité du Compagnonnage DD∴ doit trouver dans la création de la caisse du congrès établie dans chaque siège corporatif le grand principe de la solidarité où : il n'y a plus de Pays ou Coteries, plus de professions distinctes mais rien que des CC∴ D∴ D∴ unis dans une amitié réelle et productive. . . . .

Exposé corporatif d'une situation financière du Compagnonnage du Devoir ayant établi l'Avoir Commun par ses seules cotisations directes, formant capital social.

La cotisation mensuelle est actuellement, en moyenne de un franc cinquante par mois. Supposons toujours 4.500 compagnons actifs, chaque ville enverrait par mois à la Cayenne centrale les cotisations en cours ; soit, 6.750 francs par mois qui, au bout d'un an, formeront le capital de 81.000 fr.

Cent quinze sièges ont, en moyenne une dépense locative (1) de deux cents francs par an ; soit premières dépenses : 12.500 fr.

Capital annuel, quatre-vingt-un
mille francs............................... 81.000fr.
Dépenses, frais de locaux cor-
poratifs..................................... 23.000
Frais de maladie sur le Tour-de
France....................................... 19.500

(1) Paris et quelques autres villes ont des frais locatifs bien plus élevés, mais la combinaison de l'Avoir Commun abandonne au profit de chaque ville les bénéfices de chaque réception, les versements des honoraires et les droits d'entrée et du cachet de départ de chaque ville de passage du Tour-de-France.

Frais de bureaux, allocation
faite aux CC.·. chargés de la
comptabilité et divers.......... 8.500
        Total.......... 51.000 51.000
      Reste en caisse.......... 30.000 fr.
Au bout de dix ans, on aurait
un capital de..................... 300.000
Intérêt capitalisé à 4 0/0 appro-
ximatif, dans dix ans, le capital augmentant progressivement avec la rente ajoutée au
capital............................ 88.805
Avoir du Compagnonnage du
Devoir dans dix ans, trois
cents quatre-vingt-huit mille
huit cent cinq francs, ci...... 388.805 fr.

Cette formation d'*Avoir commun*, en laissant aux
Corporations du Compagnonnage du Devoir leur
autonomie corporative favoriserait les Corporations
au-delà de ce qu'elles peuvent avoir actuellement.

Par cette pratique formation nous pourrions établir — avec le temps — une Chambre Compagnonnique dans chaque ville, réservée à nos réceptions
et fêtes, et cette Chambre Compagnonnique commune à tous les C.·. du Devoir, servirait à leur
bibliothèque, musée et à organiser des expositions
régionales où les travaux de nos aspirants, les
chefs-d'œuvre de nos CC.·. pourraient être exposés ;
c'est là où doit aspirer la vitalité du Devoir.

Voudrions-nous cette Chambre Compagnonnique, chaque siège de Société étant *succursale* de la ville directrice, sur la demande de celle-ci par les intéressés, chaque siège corporatif enverrait ou non *son vote* d'adhésion à la chose demandée. Les résultats de chaque vote seraient en..oyés à toutes les Corporations qui, par le fait de cette réponse, auraient un contrôle sur le vote exprimé.

Une ville voudrait-elle participer à une Exposition? Il pourrait être établi une réserve sur la rente, formant un capital spécial et réservé aux Corporations pour former une subvention aux dépenses en pareils cas (1).

Comme nous l'apercevons, c'est par une solidarité commune (2) que le Compagnonnage du Devoir serait réellement pratique.

Discuter plus longtemps serait inutile ; les chiffres indiqués ne sont qu'un simple exposé, que l'on peut augmenter ou même réduire.

Tous pour Un, Un pour Tous, telle doit être la volonté de tous les Compagnons du Devoir, qui se disent frères, et veulent être ainsi par ce qui est pour eux la base primordiale de leur amitié : *le Devoir*.

(1) Il ne faut pas oublier que les Sociétés ouvrières ont des conditions spéciales dans toutes nos Expositions : transport, terrain accordé, etc., ainsi, une ville voudrait-elle exposer qu'il en résulterait qu'elle pourrait être accompagnée de tout le Tour-de-France.

(2) Cette formation de l'Avoir Commun devrait au moins avoir lieu *entre les sièges corporatifs d'une même profession*, comme elle peut se faire entre plusieurs Corporations seulement.

HAUT LES CŒURS

> Le Compagnonnage du Devoir est une race ingénieuse et patiente, qui a vaincu par ses ténacités les plus violentes tempêtes, qui, endolorie par les dures années de luttes, ne possède pas moins de deux qualités par lesquelles les Sociétés malheureuses réussissent à lasser la mauvaise fortune : le don de se souvenir quand même et la capacité d'espérer malgré tout.

Au milieu de tout ce qui nous entoure, nous devons chercher à ramener ceux qui, par indifférence ou par oubli, se détachent du Compagnonnage du Devoir, et ne pas douter que le dévouement n'est pas un vain principe pour ramener les cœurs.

Pourquoi ? Parce que le Compagnonnage du Devoir contribue par son *but* à l'élévation des intelligences dans ceux qui en suivent *loyalement* les principes.

Dans toutes les conditions sociales, il n'est pas *l'obstacle* à la situation de ceux qui cherchent à l'agrandir par leur travail et leur capacité.

Nous devons par devoir signaler les défauts organiques dans la constitution du Compagnonnage DD... Ces défauts, d'ailleurs, ne nous échappent pas, nous les connaissons tous, mais nous nous obstinons à trouver des raisons pour tergiverser dans l'aveu de notre vice de forme. Est-ce par indifférence, est-ce par manque de caractère ? Ces deux cas sont l'objet d'une faiblesse qui pousse le Compagnonnage du Devoir à sa propre déchéance et tendra à le faire disparaître Comme Utilité Publique, on ne dit pas complètement, mais elle atteindra plusieurs corporations, de façon à ne plus pouvoir remplir le rôle qu'elles ont pu soutenir jusqu'à ce jour.

Il n'existerait de *fraternité réelle*, si une ou plusieurs Corporations DD.·. prospéraient en laissant tomber une Corporation d'une profession autre que les leurs, sans lui procurer les conseils et les moyens nécessaires pour le relever.

Ce ne serait pas de la *fraternité sincère* si le *Chacun pour soi, Dieu pour tous*, était l'état *latent* des Compagnons et Corporations du Devoir.

Non ! ce serait de l'hypocrisie : cette amitié factice serait mensonge, et les CC.·. DD.·. quelles que soient leur profession et leur situation sociale différentes, n'en sont pas moins égaux entre eux dans le principe du Devoir et de son institution.

Pourquoi tel ouvrier, devenu contre-maître, aurait-il à rougir de se dire : Compagnon du Devoir, à cause de sa situation différente de celle de ses camarades d'atelier ou de chantier, situation différente, ce qui ne veut pas dire : supériorité morale et même industrielle.

Pourquoi tel Compagnon du Devoir, devenu industriel ou entrepreneur, délaisse-t-il complètement le Compagnonnage ? Parce que ceux qui en font partie sont des ouvriers et patrons qui ne sont pas comme lui, *parvenus*.

Le Compagnonnage DD.·. a eu son époque virile où les Compagnons ont su donner aux ouvriers les caractères d'hommes, de dévouement, d'amitié loyale et sincère ; tels sont, à l'heure actuelle, les hommes qu'il nous faut et les Compagnons dont le Devoir a besoin.

Parmi les réformes sociales, il en est une qui s'impose, car elle est l'élément au dévouement et dans nos Sociétés actives, elle n'existe que pour la forme : Aux cœurs bien nés la reconnaissance ne pèse pas. Les Compagnons du Devoir n'en sont pas prodigues et l'esprit personnel est anthipatique à ce qui demande une part d'encouragement sincère au mérite reconnu.

Tel Compagnon aura-t-il fait un chef-d'œuvre, on dira : La Société l'a payé assez cher. Un étranger ou toute personne s'intéressant à des travaux exposés demandera des renseignements sur un travail unique et désirant en connaître l'auteur, il sera répondu : ce sont les Compagnons.

Cet esprit systématiquement égoïste est la cause principale que le désintéressement devient rare, et si, à l'occasion des cours professionnels, des Compagnons dévoués demandent des allocations pour ceux qui sont chargés de ces cours, c'est qu'ils ont l'expérience acquise qu'en face d'une indifférence personnifiée, il faut imposer à celle-ci les obligations de procurer les ressources pécuniaires, sous peine de ne pouvoir continuer l'enseignement du travail dans nos corporations.

Nous avons vu des faits d'ingratitude vraiment regrettables : tel C∴ aura exécuté un chef-d'œuvre méritant par cela même une récompense honorifique,eh bien ! pour un retard de cotisations occasionné par la maladie, ou tout autre cas, on doit appliquer le règlement (1) à ce ou à ces CC.·. qui ont travaillé à la gloire du C.·. ; cette observation si radicale du règlement est le plus souvent inspirée par un certain ressentiment de jalousie, une simple rancune dans le travail. . . . .

. . . .

Qu'est-ce qui en souffre ?

— L'avenir du Compagnonnage DD.·..

Il ne faut pas croire que si les CC.·. qui font des chefs-d'œuvre touchent certaines allocations, leur mérite en est moindre et ces CC.·. désignés pour faire ces travaux n'enlèvent aucunement le mérite professionnel de ceux qui les ont choisis ?

Aussi chassons de nos Corporations cet *égoïsme* vénéneux, *maladie honteuse du cœur*, que, comme certaines, on aime pas à faire voir, et qu'on cache avec soin. . . . .

. . . .

Ainsi donc, lorsque les Corporations exposent dans n'importe quelles circonstances, qu'elles ne craignent pas de placer au bas de leurs chefs-d'œuvre : Chefs-d'œuvre exécutés par les CC.·. X. Y; etc., sous les plans et devis des CC.·. de la ville Z. Les CC.·. et la Corporation sont ainsi honorés, en gravant les

______

(1) Le règlement est toujours facile à observer, lorsqu'il s'agit de satisfaire l'amour propre ou la jalousie en cause ; que le Devoir a fait suivre par ceux qui n'en sont parfois pas dignes.

noms de ceux qui se dévouent et travaillent à la gloire du Compagnonnage de J∴ et S∴.

La solidarité dans la fraternité n'est-ce pas la chaîne d'alliance qui doit unir les Corporations de M∴ J∴ et du P∴ S∴.

Lorsqu'une Corporation, dans une ville où s'organise une exposition, pour faire parallèle à une Chambre syndicale qui expose, demande à une ville, possesseur d'un chef-d'œuvre, de le lui procurer pour *cette unique et particulière circonstance*, afin que la Corporation puisse maintenir dignement la renommée du Tour-de-France, cette dernière prenant toutes les charges et responsabilités relatives à cette occasion, *ne lui refusons notre aide*, car n'est-il pas regrettable que la ville, possesseur du chef-d'œuvre refuse et réponde : « Non ! ce chef-d'œuvre est à nous ; on ne l'enverra pas. ».

Ce mot : à nous, veut dire à qui ? — Les Compagnons du Devoir de telle ville ne sont donc pas les mêmes de tel autre ? Cependant c'est le Tour-de-France. Vous vous dites des Frères. Singulière fraternité en effet !

Que fera la ville à qui on a refusé une telle demande qui certainement avait toutes les circonstances critiques pour faire effort à se relever ? Cette ville où ces villes à qui on refuse le *concours solidaire* ne commenceront-elles pas à se lasser et se fatiguer du désintéressement ? Voilà l'état de quelques Corporations du Compagnonnage DD∴ n'ayant pas le siège social ; ou du moins autant de villes, autant de sièges, comme nous l'avons expliqué plus loin, et qui forment autant de sociétés distinctes d'une même Corporation. . . . .

. . . .

Que notre premier principe soit d'aimer et de rendre à chacun l'hommage, tant discret soit-il, à tous ceux qui se dévouent au Devoir. Que nos archives aiment à conserver le nom de ceux qui dans la vie sociale du Compagnonnage DD∴ le soutiennent dans ses déboires et dans ses joies, que nos archives deviennent l'histoire nationale DD∴.

Qu'est-ce qui inspire l'art et le courage viril à la jeunesse de chaque peuple, si ce n'est l'histoire du peuple lui-même, confiée aux générations ; les statuts, les monuments, les simples marbres commémoratifs mêmes sont les pages du souvenir, du passé plein d'héroïsme, de gloire et de dévouement, qui sont la sève féconde et forte de la Patrie.

Aimons donc à nous souvenir et à conserver le nom de tous ceux qui se dévouent à la cause commune ; aimons à rappeler aux *jeunes* ces vieux CC∴ dévoués, les CC∴ ardents. Ces souvenirs rappelés à la jeunesse seront pour elle l'encouragement le plus sûr et le stimulant le plus fort, le plus sincère pour l'Avenir. . . . .

. . . .

Un chirurgien peut-il faire une opération sans faire souffrir celui qui la subit. Ces souffrances sont nécessaires pour sauver celui qui se confie à sa science. De même il est bien difficile à l'écrivain qui veut traiter les questions sociales, sans que sa plume, comme un instrument de chirurgie, ne touche la corde sensible, malgré tous les ménagements et toutes les délicatesses qu'il puisse posséder.

Il faut des exemples. L'auteur du *Programme* a atténué un peu les uns et exagéré beaucoup les autres. Il faut donc que les Compagnons DD.·. s'inspirent de son *But unique*: celui de rapprocher les Compagnons DD.·. par un congrès vraiment pratique et vraiment social. Il faut du désintéressement. Les Corporations se valent toutes ; les anciennes ne sont pas plus que les jeunes. ON RESPECTE TOUJOURS L'AGE, QUAND IL POSSÈDE LES CHEVEUX BLANCS.

Mais le Devoir est toujours jeune, parce qu'il est une famille, et comme dans les familles les causes naturelles produisant des aînés et des jeunes, mais, en réalité, ce sont tous les mêmes enfants.

Le Congrès doit étudier les questions économiques relatives à toutes les Corporations.

Nous avons produit assez de chefs-d'œuvre d'art. *formons des chefs-d'œuvre d'ordre, d'économie, travaillons à donner à nos Sociétés les capitaux qui leur manquent pour faire face à leur actualité et aux nécessités de notre époque.*

Faisons des fêtes en quelque sorte pratiques, dont le but principal est de rapprocher les cœurs, l'esprit allégé que ces fêtes ne sont point faites au détriment des fonds de réserve pour nos malades et de nos cours professionnels.

Les réformes nécessaires au Compagnonnage du Devoir ne seront pas l'œuvre d'un jour ; elles seront réalisées après beaucoup d'efforts et de temps. En chaque chose nous devons tendre à la perfection, sans jamais y prétendre, ne pas toujours désirer l'idéal mais être pratiques, c'est-à-dire : marcher en avant: *bien faire et laisser dire.*

L'objet principal du congrès est de réunir toutes les idées généreuses, et pour cela, toutes les villes, toutes les corporations, tous les Compagnons DD.·. en un mot, doivent s'unir d'un même mouvement patriotique pour soutenir le Devoir.

Il faut faire abandon des idées mesquines, des questions personnelles et d'amour-propre qu'un arbitrage peut éteindre d'un seul coup, questions d'autant plus dangereuses qu'elles forment la gangrène de nos Sociétés compagnonniques et entre les Compagnons DD.·. entre eux, elles neutralisent les bonnes volontés, divisent au lieu d'unir, écartent au lieu d'enserrer par des liens solidaires les intelligences et les cœurs.

Nous devons travailler avec constance pour l'avenir du C.·. DD.·. qui s'est laissé influencer par les idées démocratiques modernes. Son manque d'Unité et d'union entre les Corporations C.·. du Devoir lui empêche *toute initiative*; il y a en quelque sorte trop de Devoirs, toutes les Corporations du Compagnonnage J.S. ne devraient n'en faire qu'un puisque la solidarité des corporations D.·. Devoir entre elles existe réellement dans un intérêt général et mutuel tandis qu'à l'heure actuelle, elle n'existe pas, et tout est basé que sur une amitié sans appui, une fraternité qui est plutôt une camaraderie sans effet.

Notre Devoir, société mixte, ouvriers et patrons réunis sous son égide n'est plus assez suffisante pour la vitalité *future* du ompagnonnage du Devoir.

Et pour qu'il conserve le rang utile dans la classe ouvrière qu'autre fois, il occupait avec tant d'influence. Corporativement, nous avons démontré le grand principe primordial qui oblige les Corporations DD∴ à rester distinctives pour maintenir les connaissances de l'art professionnel de chaque corporation par *la corporation*, base fondamentale du Compagnonnage DD∴.

Mais en dehors de cette condition, cela ne veut pas dire que les parties de l'édifice C∴ ne soient pas unies mutuellement. Caisse mutuelle et Retraite Générales qui seraient pour le Compagnonnage du Devoir une continuité d'ordre qui personnifierait l'art dans la perfection de l'ensemble : de l'amitié réelle *unie* par les intérêts Communs. . . . .
. . . .

Le mouvement Economique et industriel démontre chaque jour que nos Sociétés Compagnonniques du Devoir doivent d'abord consolider leur base fondamentale, nos jeunes ouvriers aspirants tout d'abord, CC∴ ensuite, sont réellement convaincus qu'il faut aux Corporations de Maître Jacques et du Père Soubise : un Capital social pour maintenir le prestige et la vitalité du Compagnonnage du Devoir, qu'il faut un Congrès corporatif de toutes nos villes du Tour-de-France pour organiser ce grand Réseau solidaire entre toutes. Nous avons tout ce qu'il faut pour arriver à ce but : nous avons l'amitié basée sur des règlements et des statuts qui laissent à chacun sa place dans le Devoir quelle que soit sa situation au dehors.

Nous terminons en disant à tous :

« Haut les Cœurs! » . . . . . .

. . . . que Tours et Nantes, Paris et Marseille, Lyon et Bordeaux forment cet arc-en-ciel qui annonça au monde la paix universelle; que tous, dans une même pensée, unis par la même espérance, forment ce serment sincère que *nous nous unissons* pour donner au Devoir une force nouvelle, que, seuls, les Compagnons de Maître Jacques et du Père Soubise sont capables de lui procurer. Pourquoi? Nous l'avons dit bien des fois, parce qu'il le fallait dans notre exposé; je le répète encore, parce que nous sommes :

Les Compagnons du Devoir.

Auguste BONVOUS jeune

Compagnon Passant Couvreur,
Délégué de la Cayenne d'Angers à l'Assemblée.
Générale des CC∴P∴C∴DD∴tenue
à Paris l'an 1896,
Secrétaire général à la dite assemblée des
Compagnons P∴C∴ du Tour-de-France.

Angoulême. — Imprimerie L. COQUEMARD et Cie.